チオベンの
作りおき弁当

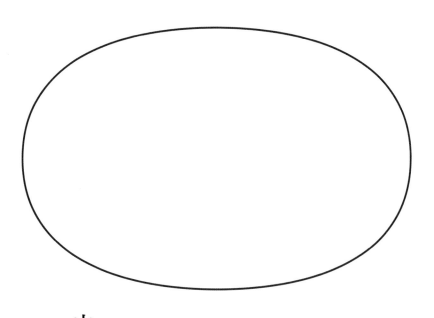

山本千織

PHP研究所

まえがき

お弁当作りは楽しいものであってほしいといつも思っています。

おかずを作っていて一番楽しいのは着地点を見つけること。
このおかずはどこで完成なのかと考え、「これはできないな」とか「この部分を端折ればできるかも」と気づくなかで、「ここまでやっておけば朝これをやるだけでできあがる」と完成イメージがはっきり見えると、とてもわくわくしてきます。

それと同時に時間配分をざっくりとつかんでおくと、完成が見えてくるわけですから、気持ちはとてもラクになれます。
「今ココ」という感覚です。
その長さを使い分けることで、少し凝った内容でも、ラクに朝のお弁当作りの時間を楽しんでもらえたらなと思っています。

本書ではメインのおかずをその考え方で、副菜には、作りおきができる常備菜とすぐできるおかず、という内容をいくつか詰めて一つのお弁当を完成させています。

お弁当との関係が負担に変わることなく楽しいものでありますように。

chioben 山本千織

メインのおかずの弁当

肉のおかずの弁当

魚のおかずの弁当

卵・豆腐・加工品のおかずの弁当

メインのおかず

肉のおかず

魚のおかず

卵・豆腐・加工品のおかず

サブの常備菜

この本の決まりごと

- ●小さじ1は5ml、大さじ1は15ml、1カップは200mlです。ひとつまみは、親指、人さし指、中指の3本の指先でつまんだ量です。少々は、親指と人さし指でつまんだ量です。
- ●加熱調理の火加減はガスコンロ使用を基準にしています。IH調理器などを使用する場合は、調理器具の表示を参考にしてください。
- ●電子レンジは600Wのものを基準にしています。500Wや700Wの場合は、加熱時間を加減してください。
- ●魚焼きグリルは両面焼きを基準にしています。片面焼きを使用する場合は、必要に応じて上下を返し、加熱時間を調整してください。
- ●塩は特に明記していない場合は、天然の塩を使っています。オリーブオイルはエキストラバージンオイルを使っています。
- ●野菜やきのこ類、果物は特に表記がない限り、皮をむき、種やわたを除いたり、石づきを落としたり、筋を取ったりしています。
- ●保存できる料理は保存可能な日数を明記しています。この保存期間は、しっかり冷まし、清潔な容器に入れて冷蔵保存した場合の日数です。
- ●本書で使っている出汁は、削りがつおと昆布でとる「一番出汁」を指します。

すぐできるおかず

あると便利な万能調味料

チオベンの
作りおき弁当づくりのルール

弁当づくりの敵は、作ることにも食べることにも飽きてしまうこと、
義務になってつまらなくなること。弁当づくりで迷ったり悩んだりするのは、
楽しくおいしく喜んでもらえるものを作りたいという気持ちの表れ。
迷ったり悩んだりしたときに、次に進むきっかけになるヒントやルールをご紹介します。

1
弁当づくりは
前日の夕飯の支度から始まっている

夕飯の支度と一緒に弁当用の切り出しをしてしまう、余った野菜はゆでておく、調味料は合わせておく。たとえノープランでも「やっておいてよかった！」と後から必ず思うはず。

2
エンド消去法

揚げで終わるか、焼きで終わるか、炒めで終わるか、揚げてからめて終わるか。
おかずの調理法が1つ決まったら、ほかのおかずは「それ以外の調理法」から選ぶと、考える範囲が狭くなって決まりやすくなる。

3
おかずの組み合わせを
パターン化する

揚げ物×ゆで野菜×常備菜……。
焼き魚×あえ物×加工品……。
おかずの組み合わせをパターンに当てはめる。

Don’t think, apply!
（考えるな！ 当てはめろ！）

4
漬け込み活用術

仕込み８割。前日漬け込みで９割は出来上がってることに！ 朝は漬け床から取り出して揚げるだけ、焼くだけでOK！

5
水を制するものは弁当を制す

おかずを詰めるとき、水気をペーパータオルで拭きとるひと手間は欠かせない。ドライなおかずとウェットなおかずを近くに詰めないこと。時間が経っても作りたてと状態が変わらない弁当はない。弁当づくりの第一歩は、水気を意識することから。

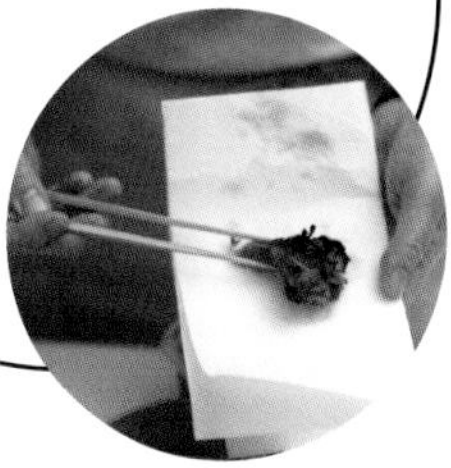

6
サンドイッチ万歳

挟んで簡単、切り口うっとり。身近な携帯食であるサンドイッチ。気軽に挟めば挟むほど、サンドイッチの奥の深さを知るのも楽しい。作りおきおかずを挟んでハマる、気づけば「これも挟めるかも?」と抜け出せなくなるサンドイッチ沼もお弁当の楽しさ。

7
ノーおかずデー

毎日弁当を作っているなら、1週間に1日は「ノーおかずデー」を作る。その日は副菜なしの丼弁当。「あ、今日水曜日だから副菜作らなくていいんだ」というくらいの気持ちで。

8
埋もれスパイス実験室

どこの家庭にもありそうな、一度しか使ってないスパイスやフレーバーオイル。夕飯に使うにはちょっと勇気がいるところを、弁当の小さなおかずなら気軽に試しやすい。

9
スーパーサブ卵

はりきってたくさん作った常備菜。食べきれないときに助けになるのは卵。常備菜を卵焼きに混ぜたり、卵とじにして丼にしたり。困ったときこそ卵の出番です。

10
楽しむ・諦める

出来たてがおいしいからといって、冷めてもそのままおいしいわけではないというのが、弁当づくりの辛さであり楽しさ。ここは諦めるのも一興。凝ったり飽きたり発見したり失敗したり、試行錯誤するなかに楽しさがある。

チオベンの調味料＆ハーブ

1 五香粉
（ごこうふん／ウーシャンフェン）
花椒、クローブ、シナモン、フェンネル、陳皮が含まれたミックススパイス。

2 花椒（かしょう／ホアジャオ）
中国原産で、独特な芳香と口の中がしびれるような辛味が特徴です。

3 ディル
甘味と爽やかな香りで、魚介料理やサラダ、ピクルス液によく使われます。

4 ローズマリー
肉や魚の臭みを消したり、鶏肉やじゃがいもなど淡泊な素材の香りづけに使用。

5 実山椒佃煮
豊かな香りと辛味がする実山椒のしょうゆ煮。（くらま山椒／木村九商店）

6 ナンプラー
タイの調味料で魚を発酵させて作る。少し入れるだけで風味やうま味が増す。

7 千鳥酢
甘みがあり、まろやかな酸味と香りでどんな料理にも使いやすい。(千鳥酢／村山造酢)

8 バイマックルー
独特で爽やかな香りのハーブ。葉の部分を刻んで使う。別名コブミカン。

9 みりん風調味料
酒の風味とみりんのうま味を併せ持った発酵調味料。(味の母／味の一醸造)

10 米油
米を原料とした植物油。香りが少なく食用油として広範囲に使える。(こめ油／築野食品)

11 藻塩
海藻から作られたミネラルが豊富でうま味の強い塩。(海人の藻塩／蒲刈物産)

12 割り干し大根
大根を四つ割りにして乾燥させた保存食。(ふとぎりだいこん／三成食品遠野)

13 豆豉
大豆や黒豆に塩を加えて発酵させた食品。料理にコクと風味をもたらす。

メインのおかずの弁当

弁当のメインとなる、ボリューム満点の肉のおかず、
フライや煮ものなどバラエティ豊かな魚介のおかず、

卵や豆腐、便利な加工品を活用したアイデア溢れるおかずです。
前日までに仕込んだり漬け込んだりしておけば、朝の手間が省けます。

※☀が記載されているレシピでは、☀以前の工程を前日までに準備しておき、☀以降の工程を当日の朝に行うこととしています。忙しい朝、少しでもラクにお弁当を作るために参考にしてみてください
※P14以降に紹介するお弁当には、おかずの分類が一目でわかるように、それぞれ以下のマークを入れています。
メ:メインのおかず、常:常備菜、す:すぐできるおかず

ハーブチキンフライ弁当

鶏むね肉のから揚げ香味じょうゆ弁当

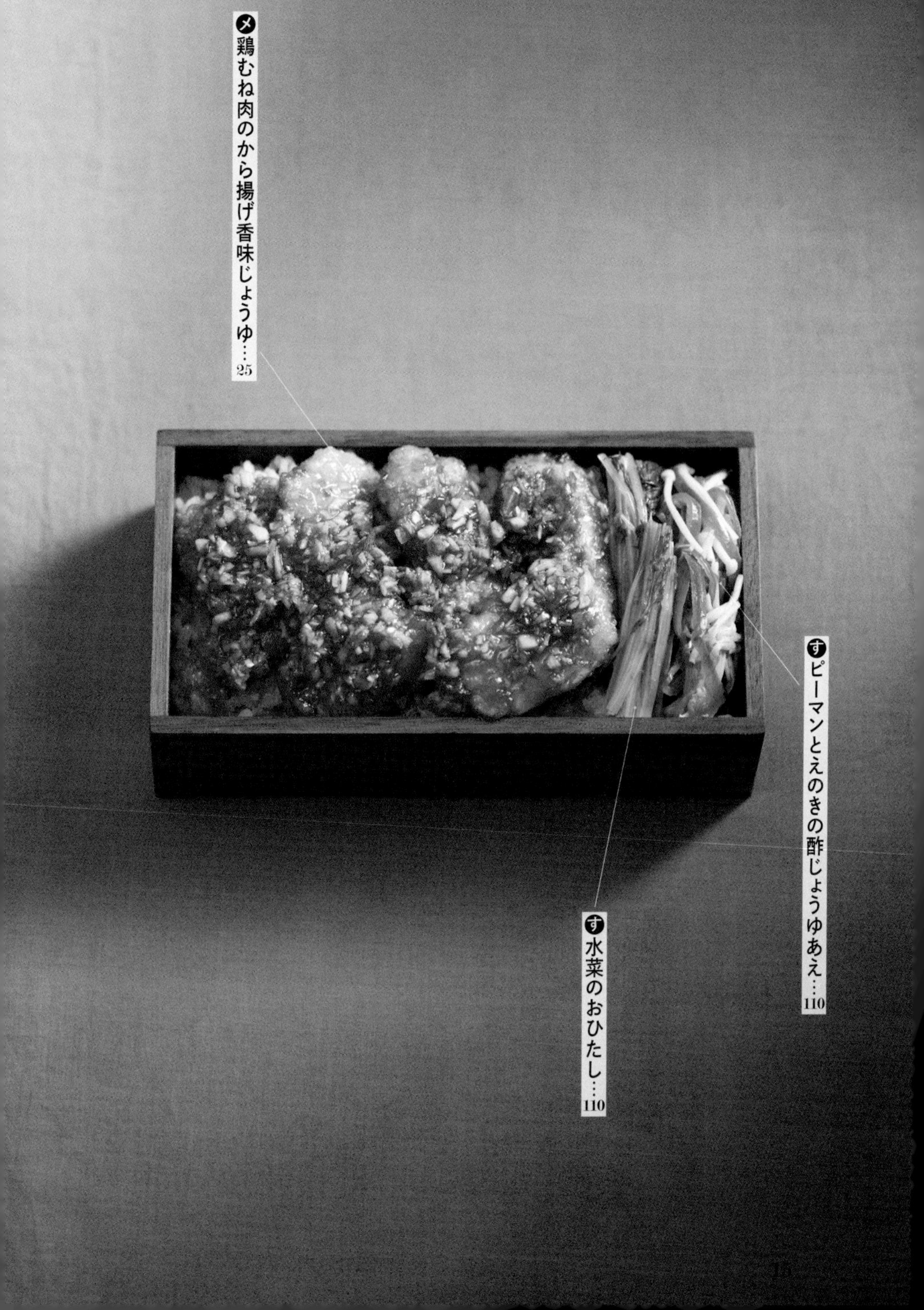

豚巻きキャベツ弁当

常 かぼちゃのローズマリーグリル…81
メ 豚巻きキャベツ…27
常 れんこんのピリ辛炒め…82
す 赤かぶの塩もみ…111

豚の角煮弁当

常 れんこんのピリ辛炒め…82
常 カリフラワーのココナッツ炒め…84
常 ブロッコリーとそばの実のタブレ…83
メ 豚の角煮…27

肉団子のクリームパスタ弁当

メ 肉団子のクリームパスタ…29

す 大根梅あえ…111

す プチヴェールのフレンチドレッシングあえ…116

常 かぼちゃのローズマリーグリル…81

ローストビーフおにぎり弁当

花椒鶏から揚げ弁当

メ 花椒鶏から揚げ…31
常 まいたけ焼き浸し…87
常 ズッキーニのナムル…80
常 万願寺とうがらしの揚げ浸し…86
す 紫キャベツと豆苗のサッとあえ…112

キョフテサンドイッチ弁当

(メ)キョフテサンドイッチ…31

(常)芽キャベツのアヒージョ…88

(す)りんごとミントのフレンチドレッシングあえ…113

豚ひれ味噌漬け焼き弁当

鶏めし弁当

す ほうれん草のおひたし…115
す しめじの坦々ソースあえ…114
す チンゲン菜のXO醤あえ…115
す 紅芯大根の塩もみ…114
常 かぶの揚げ浸し…91
常 かまぼことねぎのしょうがオイル…93
常 赤パプリカの豆豉炒め…92
メ 鶏めし…33
す 花ニラのおひたし…113

ハーブチキンフライ

揚げてもよし、焼いてもよしの万能のマリネチキン。

材料（2人分）

鶏ささみ……………………… 300g

マリネ液

ローリエ……………………… 1枚
タイム（粗みじん切り）………… 1枝分
ディル（粗みじん切り）………… 1枝分
ローズマリー（粗みじん切り）… 1枝分
にんにく（みじん切り）………… 1片分
オリーブオイル………………… 大さじ4
白ワインビネガー……………… 大さじ1/2
塩……………………………… 大さじ1/2
黒こしょう……………………… 少々

衣

小麦粉………………………… 適量
溶き卵………………………… 適量
パン粉………………………… 適量

揚げ油………………………… 適量

作り方

1 鶏ささみは筋の両側に浅く切れ目を入れ、包丁の背でしごくようにして筋を取り除く。

2 保存容器にマリネ液の材料を混ぜ合わせ、1を入れる。冷蔵庫に6時間以上おいてなじませる。

3 2の汁気をきって、小麦粉、溶き卵、パン粉の順に衣をつける。揚げ油を低温から中温（160～170℃）に熱し、3を入れて4～5分揚げる。衣が色づいたら取り出して油をきり、食べやすい大きさに切る。

マリネ液に漬けたまま
約1週間冷蔵保存可能。

鶏むね肉のから揚げ香味じょうゆ

さっぱりした鶏むね肉に香ばしいたれが合う。

材料（2人分）

鶏むね肉（皮なし）……… 1枚（300g）

漬けだれ

しょうが（すりおろし）…… 小さじ1
にんにく（すりおろし）…… 小さじ1
酒…………………………… 大さじ1
マヨネーズ………………… 小さじ1
しょうゆ…………………… 小さじ1

香味じょうゆ（→P121）‥ 大さじ4
片栗粉……………………… 適量
揚げ油……………………… 適量

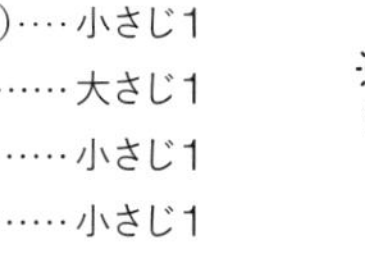

ときどきフライパンを
傾かせながら、揚げ焼
きにするとよい。

作り方

1 鶏肉を一口大にそぐように切る。ボウルに漬けだれの材料を混ぜ合わせ、鶏肉を入れてもみ込む。ラップをして冷蔵庫で20分以上おく。

2 1の鶏肉を取り出し、漬けだれの汁気をペーパータオルで軽く拭きとり、片栗粉をまぶす。

3 フライパンに多めの油を入れて中火で熱し、2を揚げ焼きにする。きつね色になったら、一度皿に取り出し、火を止める。フライパンの余分な油をペーパータオルで拭きとり、香味じょうゆを入れて、鶏肉を戻し入れ、全体にからませる。

豚巻きキャベツ

千切りキャベツに豚肉のうま味がたっぷり。

材料（2人分）

- 豚ロース肉……… 4枚
- キャベツ…………1/4個（200g）
- 塩………………… 小さじ1
- しょうが………… 1片
- 黒こしょう……… 少々
- サラダ油………… 大さじ1
- ごま油…………… 小さじ1/4
- しょうゆ………… 小さじ1/2

作り方

1 キャベツを千切りにしてボウルに入れ、塩を加えて5分おき、出てきた水分を絞る。

2 しょうがを千切りにして、**1** のボウルに入れて混ぜる。

3 豚肉をまな板に広げて、端の部分を叩いて薄くする。黒こしょうをふる。

豚肉の端を叩いて薄くすることで、キャベツが巻きやすくなり、型崩れしにくい。

4 **2** を4等分にして **3** の豚肉の上にそれぞれ丸めておき、ギュッと押さえながら脂身が外側にくるようにして巻く。

5 フライパンにサラダ油を中火で熱し、**4** で巻いた肉を転がしながら5分ほど焼く。

6 肉に火が通ったら火を止めて、いったん肉を皿に取り出し、フライパンの油をペーパータオルで拭きとる。フライパンの粗熱がとれたら、ごま油としょうゆを入れ、再度中火にかける。肉をフライパンに戻し入れ、1分ほど転がす。取り出して半分に切る。

巻き終わりを下にして焼くと形が崩れにくい。

豚の角煮

蒸してから煮ることでやわらかく味も染みる。

材料（2人分）

- 豚バラかたまり肉……… 450g

A

- 水……………………… 250ml
- 焼酎（泡盛）…………… 150ml
- 砂糖…………………… 大さじ2
- ねぎの青い部分……… 10センチ
- しょうが（薄切り）……… 1片

- しょうゆ……………… 大さじ1

作り方

1 豚バラ肉をかたまりのまま2時間蒸して脂を落とす。粗熱をとって一口大に切る。

2 鍋に **1** と **A** を入れて中火にかけ、沸騰したら弱火にし、1時間煮る。

3 **2** の鍋を中火にかけ、沸騰したら弱火にし、しょうゆを加えて煮汁にとろみが出るまで煮詰める。

途中、水分が足りなくなったら水を適宜足す。

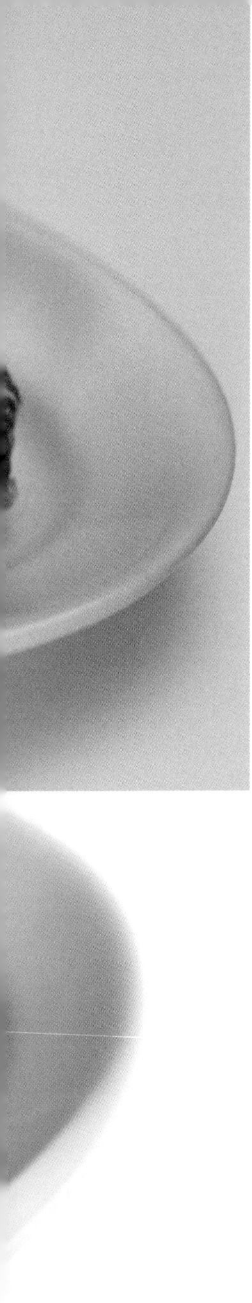

肉団子のクリームパスタ

フライパンで作れて冷めてもおいしい。

材料（2人分）

肉だね

牛豚合いびき肉…300g
たまねぎ…………40g（小1/4個）
ナツメグ…………適量
オレガノ…………適量
タイム ……………適量
塩 …………………小さじ1/4

A

パン粉……………20g
生クリーム………大さじ2
卵…………………1個

白ワイン…………大さじ1
鶏ガラスープ……250ml
牛乳………………100ml
生クリーム………100ml
塩…………………小さじ1/2
ショートパスタ….50g
（フィジッリゆで時間10分）
キャベツ…………100g（1/8個）
たまねぎ…………1/4個
オリーブオイル……適量

作り方

1 肉団子をつくる。肉だねのたまねぎをみじん切りにし、フライパンにオリーブオイルを中火で熱し、あめ色になるまで炒める。
2 ボウルにあいびき肉、ナツメグ、オレガノ、タイム、塩を入れて練り混ぜる。白っぽくなってきたら **A** を入れて混ぜる。一口大に丸めてバットに置き、ラップをかけて冷蔵庫に入れる。
3 たまねぎをスライスする。キャベツは食べやすい大きさに切る。

4 フライパンにオリーブオイルを中火で熱し、**2**の肉団子を並べて肉が色づいてきたら一度皿に取り出して、フライパンの余分な油を拭きとる。
5 フライパンにオリーブオイルを中火で熱し、**3**のたまねぎを入れて炒める。たまねぎが透き通ってきたら、**4**の肉団子を戻し入れ、白ワイン、鶏ガラスープ、ショートパスタを入れる。ひと煮立ちしたら塩を入れ、くつくつしてきたらキャベツと牛乳を加え、フタをして弱火にする。沸騰しないよう時々混ぜながら約10分煮る。
6 パスタが煮えたら生クリームを入れてなじませる。

ローストビーフおにぎり

ボリューム満点で見た目も豪華なおにぎり。

材料（2人分）

牛かたまり肉………350g
塩…………………小さじ1
黒こしょう………小さじ1/2
オリーブオイル…… 大さじ1

ごはん……………適量

作り方

1 牛肉は室温に30分以上おいて、塩と黒こしょうをまぶし、約5分ほどおいてなじませる。
2 フライパンにオリーブオイルを強めの中火で熱し、**1** を入れて焼く。肉のすべての面にこんがりと焼き色がつくよう、トングなどで押し付けながら全体を約10分焼いて取り出す。

金串を刺して生温かければ、
焼き上がりのサイン。

3 アルミホイルを広げて **2** を包み、約10分おいて余熱で火を通す。

4 **3** を薄くスライスし、丸く握ったごはんに巻き付ける。

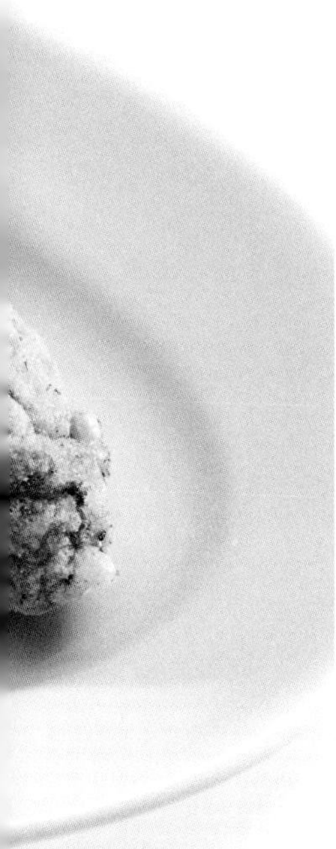

花椒鶏から揚げ

ふわっと香る花椒が食欲をそそる。

材料（2人分）

鶏もも肉…………………1枚（280g）

漬けだれ

紹興酒…………………25ml
砂糖……………………大さじ1/2
しょうゆ………………大さじ1と1/2
オイスターソース………大さじ1
にんにく（すりおろし）……大さじ1/2
ねぎの青い部分…………10センチ
五香粉…………………小さじ1/4
花椒（ホール）……………小さじ1

片栗粉…………………適量
揚げ油…………………適量

作り方

1 鶏肉は皮を取り除き、一口大に切る。
2 漬けだれの材料を保存容器に入れて混ぜ、1を加えてからめ、冷蔵庫で6時間以上おく。

3 揚げ油を高温（180℃）に熱する。2の汁気をきって片栗粉をまぶし、揚げ油に入れる。時々返しながら約6〜7分揚げ、取り出して油をきる。

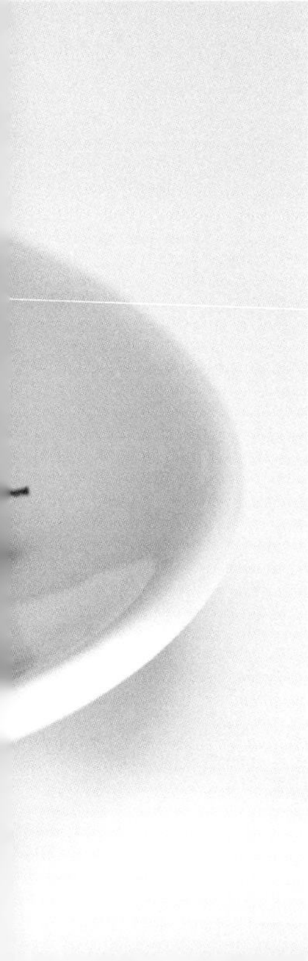

キョフテサンドイッチ

スパイスとパセリが香るトルコの肉サンド。

材料（2人分）

牛豚合いびき肉………………200g
たまねぎ（みじん切り）…………1/3個分
サラダ油………………………適量
牛乳……………………………大さじ1
パン粉…………………………10g

A

パセリ（みじん切り）……………小さじ2
にんにく（みじん切り）…………小さじ2/3
砂糖……………………………小さじ2/3
中濃ソース……………………小さじ1/2
オイスターソース………………小さじ1/3
塩………………………………小さじ1/4
クミンパウダー…………………2g
ナツメグ…………………………1g
好みのスパイス　………………各少々
（オールスパイス、黒こしょう、ガラムマサラ、コリアンダーなど）

食パン（8枚切り）………………4枚
バター…………………………適量
練りからし……………………適量
サニーレタス…………………適量

作り方

1 フライパンにサラダ油を中火で熱し、たまねぎを炒める。透き通ってきつね色になったら、バットに取り出して冷ます。
2 ボウルにパン粉を入れ、牛乳を加えてふやかす。
3 ボウルにAの材料をすべて入れて練り混ぜる。全体が混ざり、白っぽくなったら約8×12センチの大きさに成形する。オーブンを200℃に予熱する。
4 天板にオーブンペーパーを敷き、3を並べて8〜10分、肉に火が通るまで焼く。

5 まな板の上にパンを並べ、バター、練りからしを塗る。サニーレタスの水気をペーパータオルで拭きとり、食べやすい大きさにちぎってのせ、その上にキョフテをのせてパンで挟む。

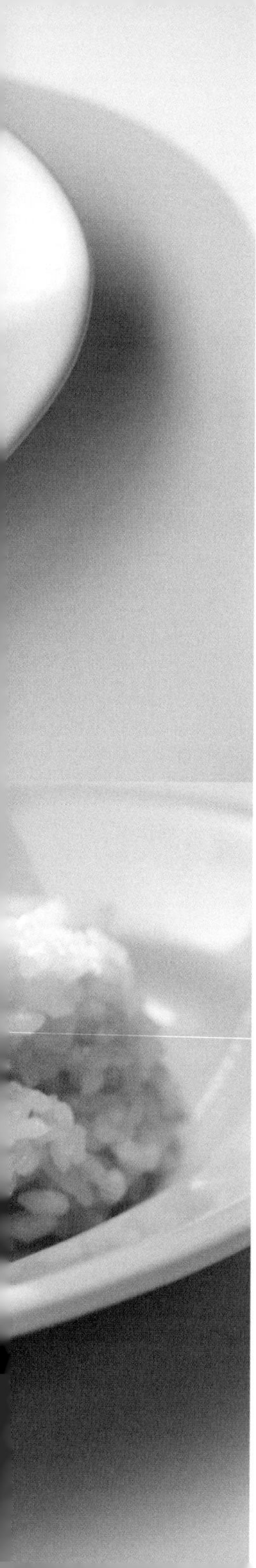

豚ひれ味噌漬け焼き

味噌の味がしっかり染みて冷めてもおいしい。

材料（2人分）

豚ひれ肉…………200g

味噌床

味噌………………120g
紹興酒……………大さじ4
しょうゆ…………大さじ1
黒酢………………大さじ1
グラニュー糖……大さじ4

作り方

1 豚肉は2センチ幅に切り、ペーパータオルで水気を拭きとる。
2 味噌床の材料を保存容器に入れて混ぜ、1を入れてからめ、冷蔵庫で6時間以上おく。

3 2の豚肉を取り出し、味噌を水で洗い流してペーパータオルで水気をよく拭きとる。魚焼きグリルで約8分、両面をこんがりと焼く。途中、焦げ目がつきそうになったらアルミホイルをかぶせる。

鶏めし

しっとりゆでた鶏とスープで炊き上げたごはん。

材料（2人分）

鶏もも肉…………………1枚（280g）

A

水…………………………200ml
砂糖………………………小さじ1
紹興酒……………………大さじ4
塩…………………………小さじ1/2
ナンプラー………………大さじ2
しょうゆ…………………大さじ2
しょうが（すりおろし）……大さじ1
しょうが（薄切り）………1片分
ねぎの青い部分…………10センチ
にんにく…………………2片
（あれば）パクチーの根…2本

米…………………………適量
水…………………………適量

作り方

1 鍋に鶏もも肉とAを入れて中火にかけ、沸騰したら弱火にし、ふたをして6分煮る。火を止めて常温で置いておく。

2 鶏肉を1の鍋から取り出して食べやすい大きさにスライスする。ゆで汁を使ってごはんを炊く。弁当箱にごはんを詰め、鶏肉をのせる。

いかのしょうがオイルあえ弁当

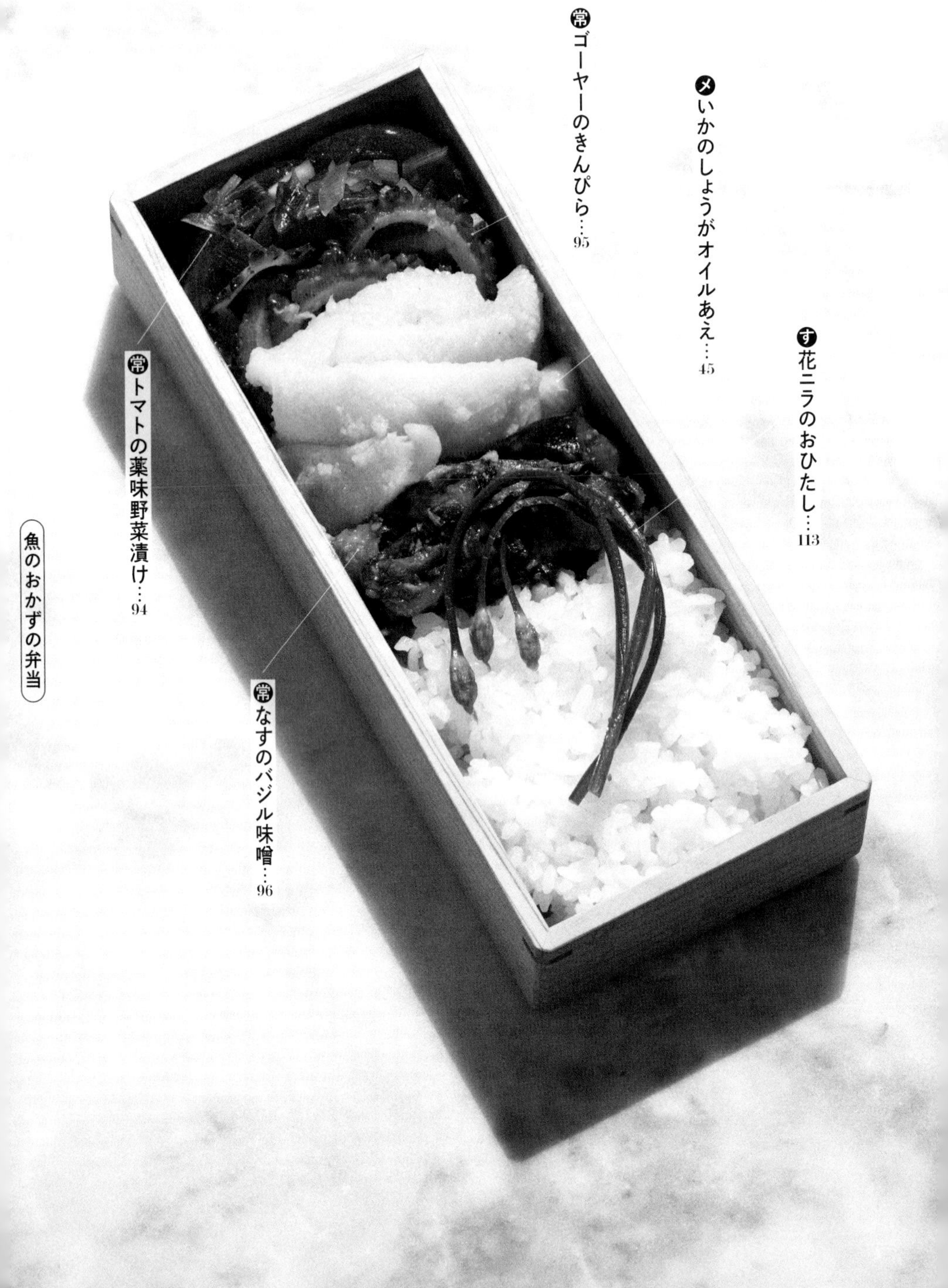

鮭の酒かす味噌漬け焼き弁当

たらのブランダードサンドイッチ弁当

(す)スナップえんどうのきのこペーストあえ…116

(常)焼きいもクミン…89

(す)プチヴェールのフレンチドレッシングあえ…116

(メ)たらのブランダードサンドイッチ…47

さばの豆鼓煮弁当

常 しょうがのだし巻き卵…85
常 タラモサラダ…79
メ さばの豆鼓煮…47
す なすの塩もみ…117
常 かぶの揚げ浸し…91

かれいのパクチーレモンソース弁当

贅沢貧乏コロッケ弁当

常 割り干しハーブチキンサラダ…102
常 かぶの揚げ浸し…91
す 赤かぶの塩もみ…111
常 半熟卵のしょうゆ漬け…101
メ 贅沢貧乏コロッケ…49
常 カリフラワーのココナッツ炒め…84

えびドリア弁当

常 トマトの薬味野菜漬け…94

す キャベツの土佐味噌コールスロー…117

メ えびドリア…51

あじのたたきフライ弁当

ぶりのタイ風漬け揚げ弁当

さわらのサワーグリル弁当

いかのしょうがオイルあえ

さっぱりおいしいオイルで簡単あえもの。

材料（2人分）

- いか……………………………1枚（300g）
- しょうがオイル（→P123）… 大さじ2

作り方

1. いかは身を切り開いて横半分に切り、表面に格子状に切り込みを入れ、縦2センチ幅に切る。

☀

2. 熱湯でサッとゆでて冷水にとり、ペーパータオルで水気を拭きとる。
3. ボウルに 2 を入れ、しょうがオイルを加えてからめる。

鮭の酒かす味噌漬け焼き

発酵食品の組み合わせでうま味が増す。

材料（2人分）

- 鮭…………………2切れ（200g）

A

- 酒かす……………50g
- 味噌………………50g
- みりん……………小さじ1

作り方

1. 保存容器に A を混ぜ合わせる。
2. 1 に鮭を入れて冷蔵庫で6時間以上漬けこむ。

☀

3. 2 から鮭を取り出してペーパータオルで汁気を拭きとる。魚焼きグリルを中火で熱し、約7～8分焼く。

たらのブランダードサンドイッチ

ペースト状にした風味豊かなたらがパンによく合う。

材料（2人分）

たらの切り身	2切れ（160g）
塩	小さじ1/2
タイム	少々
オリーブオイル	大さじ1
にんにく（みじん切り）	2片分
牛乳	400ml
じゃがいも	2個
塩・黒こしょう	各少々
バゲット	適量

作り方

1 たらは骨と皮を取り除いてブツ切りにし、塩とタイムをまぶす。じゃがいもは3ミリ厚さにスライスする。

2 フライパンにオリーブオイルを中火で熱し、にんにくを炒める。香りがたったら、たらとじゃがいも、牛乳を加える。

3 泡立て器でじゃがいもとたらをつぶしながら弱火で約5分煮る。じゃがいもがやわらかくなったら、塩・黒こしょうで味をととのえる。

☀

4 **3**をスライスしたバゲットに挟む。

さばの豆豉煮

いつものさば煮に豆豉で深みをプラス。

材料（2人分）

さば	4切れ（220g）
セロリ	1/2本

A

水	200ml
みりん	50ml
砂糖	大さじ3
豆豉	小さじ1/2
豆板醤	小さじ1
しょうゆ	大さじ1
ごま油	大さじ1

作り方

1 さばは熱湯にサッとくぐらせ、冷水にとる。セロリは2ミリ厚さの斜め薄切りにする。

2 鍋に**A**を入れて中火にかけ、**1**のさばとセロリを加え、煮る。途中、さばに煮汁をかけながら中弱火で7～8分煮詰める。

かれいのパクチーレモンソース

サクサク揚げたかれいにスパイシーなソース。

材料（2人分）

かれいの切り身…………3切れ（300g）
片栗粉……………………適量
揚げ油……………………適量

パクチーレモンソース….大さじ1
（→P122）

作り方

1 かれいは一口大に切っておく。

2 1に片栗粉をまぶす。
3 揚げ油を高温（180℃）に熱し、2を約3分揚げる。
4 取り出して油をきり、パクチーレモンソースをかける。

贅沢貧乏コロッケ

青のりと紅しょうがでたこ焼き味。

材料（6個分）

コロッケだね
里いも…………2個（100g）
塩………………少々
ホタテ貝柱……1個（50g）
ゆでたけのこ….1センチ厚さ1/2枚（10g）
かまぼこ………1センチ厚さ2切れ（20g）
紅しょうが……大さじ1強（5g）
きくらげ(乾燥)…1枚（3g）
かつお節………ひとつかみ（3g）
青のり…………小さじ1
マヨネーズ……小さじ1

衣
小麦粉…………適量
溶き卵…………適量
パン粉…………適量

揚げ油…………適量

作り方

1 コロッケのたねを作る。里いもは皮付きのまま蒸し器に入れて、やわらかくなるまで約15分蒸す。皮を取り除いてボウルに入れ、木べらなどでなめらかになるまでつぶす。塩を加えて混ぜる。
2 ホタテは粗みじん切りに、かまぼことたけのこはみじん切りにする。紅しょうがと戻したきくらげは細かいみじん切りにして、かつお節、青のり、マヨネーズとともに1のボウルに加えて混ぜる。

3 2をゴルフボール大にして丸め、衣を小麦粉、溶き卵、パン粉の順につける。
4 揚げ油を高温（180℃）に熱し、3を入れて約2分揚げ、油をきる。

えびドリア

冷めてもおいしいクリーミーなドリア。

材料（2人分）

えび……………3尾（50g）
まいたけ………1/2パック（50g）
たまねぎ………1/4個（70g）
塩・こしょう……各少々
酒………………大さじ2
サラダ油………大さじ1

ベシャメルソース

牛乳……………200ml
バター…………20g
小麦粉…………20g
塩・こしょう……各少々

ピザ用チーズ……適量
ごはん…………適量

作り方

1 えびは殻をむいて背ワタをとり、4等分に切る。まいたけはみじん切りに、たまねぎはスライスにする。
2 鍋にサラダ油を熱し、たまねぎ、えび、まいたけの順に炒める。
3 2に塩・こしょうと酒を入れて炒め煮し、ざるで濾して煮汁と具に分ける。
4 ベシャメルソースを作る。鍋にバターを入れて弱火にかけ、小麦粉を炒める。牛乳を2～3回に分けて混ぜながら足していき、最後に2と3の煮汁を加え、塩・こしょうで味をととのえる。

5 耐熱容器にごはんをよそい、4をかけてピザ用チーズをふり、オーブントースターで約10分焼く。

あじのたたきフライ

ドライトマトの酸味とスパイスが爽やかな風味。

材料（5個分）

あじ………………………3尾（230g）

A

塩………………………小さじ1/4
ドライトマト（みじん切り）…2枚
ピンクペッパー…………適量
ディル（みじん切り）………適量
黒オリーブ………………2粒
（種を取り除いたもの）
しょうが（みじん切り）……1片分

衣

小麦粉……………………適量
溶き卵……………………適量
パン粉……………………適量

揚げ油……………………適量

作り方

1 あじは3枚におろして小骨を抜き、5ミリ厚さの斜め切りにする。
2 ボウルに1とAを入れて混ぜ、俵型に成形し、冷蔵庫で休ませる。

3 衣を小麦粉、溶き卵、パン粉の順につける。
4 揚げ油を高温（180℃）に熱し、3を入れて約3分揚げ、油をきる。

ぶりのタイ風漬け揚げ

アジアンテイストの香り豊かなから揚げです。

材料（2人分）

ぶり……………………2切れ（200g）

漬け汁

しょうゆ…………………小さじ2
紹興酒……………………大さじ2
ナンプラー………………小さじ2
砂糖………………………小さじ1
オイスターソース………小さじ1
しょうが（みじん切り）…1片分
にんにく（みじん切り）…1片分
バイマックルー（千切り）…3枚分

片栗粉……………………適量
揚げ油……………………適量

作り方

1 保存容器に漬け汁の材料を混ぜ合わせ、一口大に切ったぶりを6時間以上漬ける。

☀
2 **1**からぶりを取り出し、ペーパータオルで汁気を拭きとり、片栗粉をまぶす。
3 揚げ油を高温（180℃）に熱し、**2**を入れて約4分揚げ、油をきる。

さわらのサワーグリル

ヨーグルトで漬け込み、さっぱり味に。

材料（2人分）

さわら……………………2切れ（180g）
塩…………………………小さじ1/2

漬け床

ヨーグルト………………1カップ
しょうが（すりおろし）…大さじ1と1/2
にんにく（すりおろし）…大さじ1
砂糖………………………大さじ1と1/2
ウスターソース…………大さじ2
しょうゆ…………………小さじ2
カレー粉…………………小さじ2
酢…………………………小さじ1

作り方

1 漬け床の材料をすべて保存容器に入れて混ぜる。
2 さわらは皮に切れ目を入れ、両面に塩をふって10分ほどおく。ペーパータオルで水気を拭きとり、**1**の漬け床に一晩漬けこむ。

☀
3 **2**からさわらを取り出してペーパータオルで水気を拭きとる。魚焼きグリルを中火で熱し、約6～7分焼く。

ベトナム風オムレツ弁当

すり身のパンロール弁当

コンビーフカツ弁当

ちくわ天マヨ弁当

メ ちくわ天マヨ…67
常 赤パプリカの豆豉炒め…92
常 五目炒り厚揚げ…98
す ピーマンとえのきの酢じょうゆあえ…110
常 オクラからし味噌漬け…105
常 れんこんのピリ辛炒め…82
す 菜の花のおひたし…112
常 半熟卵のしょうゆ漬け…101

坦々トマト焼きそば弁当

のりとマッシュのホットサンド弁当

メ のりとマッシュのホットサンド…69

常 赤パプリカの豆豉炒め…92

常 大豆とさば缶のサラダ…107

豆腐と高菜の丼弁当

す 菜の花のおひたし…112

常 大根の山椒炒め煮…106

メ 豆腐と高菜の丼…71

常 にんじんクミンラペ…90

す さつま揚げのパクチーソースあえ…119

ドフィノワ弁当

メ ドフィノワ…71
常 芽キャベツのアヒージョ…88
す 紫キャベツと豆苗のサッとあえ…112
常 エリンギのオイスター炒め…103

厚揚げ坦々ソース弁当

メ 厚揚げ坦々ソース…73
常 わかめとのりのナムル…97
す 紅芯大根の塩もみ…114
常 万願寺とうがらしの揚げ浸し…86
常 半熟卵のしょうゆ漬け…101
常 れんこんのピリ辛炒め…82

じゃがいもベーコン炒めパクチーソース弁当

すプチヴェールのフレンチドレッシングあえ…116

常大豆とさば缶のサラダ…107

常大根の山椒炒め煮…106

メじゃがいもベーコン炒めパクチーソース…73

ベトナム風オムレツ

メインのおかずになる食べごたえ。

材料（2人分）

豚ひき肉…………100g
えび……………2尾
キャベツ…………100g
ミニトマト…………6個
干しえび…………5g
サラダ油…………適量
溶き卵……………5個分

A
ナンプラー………小さじ1
シーズニング……小さじ1

作り方

1 えびは尾を除いて殻をむき、背に浅く切れ目を入れて背ワタを除き、ぶつ切りにする。キャベツは千切りに、ミニトマトは4枚にスライスし、戻した干しえびはみじん切りにする。
2 フライパンにサラダ油を中火で熱し、干しえび、豚ひき肉、えびを順番に炒め、干しえびの香りが立ったら、ミニトマトを加えて炒める。
3 ボウルに2と、1のキャベツを入れ、溶き卵を加えて混ぜ合わせる。Aで味をととのえる。
4 オーブンを180～200℃に予熱する。耐熱容器にオーブンシートを敷き、3を流し込む。
5 オーブンで4を15～20分焼く。

☀
6 食べやすい大きさに切る。

すり身のパンロール

北海道民から愛されるおやつパン。

材料（5本分）

たね
たらのすり身……………200g
木綿豆腐…………………1/2丁（200g）
たまねぎ（みじん切り）……中1/2個分（100g）
豚ひき肉…………………80g
サラダ油…………………小さじ1
しょうが（みじん切り）……1片分

A
ナンプラー………………小さじ1と1/2
しょうゆ…………………小さじ1/2
砂糖………………………小さじ1/2
片栗粉……………………小さじ1

食パン（サンドイッチ用）…5枚
揚げ油……………………適量

作り方

1 たねを作る。フライパンにサラダ油を中火で熱し、たまねぎと豚ひき肉を炒める。たまねぎがしんなりとして透き通ったらバットに取り出して、粗熱をとる。
2 豆腐をペーパータオルで包み、耐熱皿にのせて電子レンジで約2分加熱する。さらに豆腐を別のペーパータオルで包み、皿を上にのせて約5分おく。
3 ボウルに1と2、たらのすり身、しょうが、Aを入れて白っぽくなるまでよく練り混ぜる。
4 食パンの耳を切り落として、長辺の片側をめん棒などでうすくのす。のした部分と反対側の一片をあけ、3のたねの1/5量を塗る。のした部分が巻き終わりになるように長辺の厚い側から巻き、ラップできつく包む。これを5個作り、冷蔵庫に約20分おいて落ち着かせる。

☀
5 揚げ油を低温（160℃）に熱し、4のラップをはずして5～6分揚げる。取り出して油をきり、食べやすい大きさに切る。

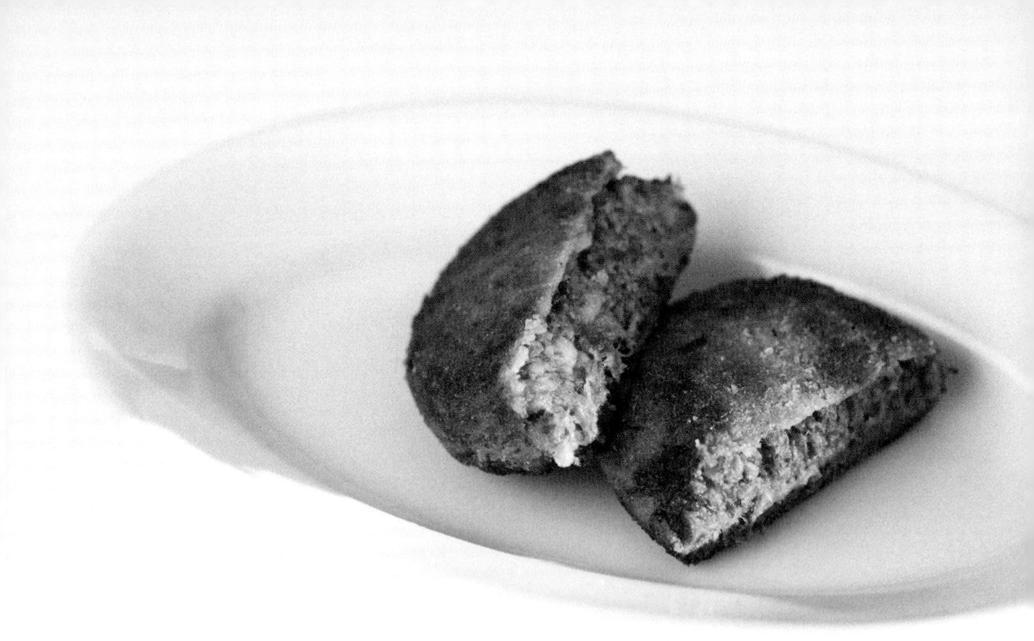

コンビーフカツ

じゃがいもとコンビーフが好相性。

材料（2人分）

コンビーフ……………160g
じゃがいも……………中1個（80g）

衣

小麦粉……………適量
溶き卵……………適量
パン粉……………適量

揚げ油……………適量

作り方

1 鍋に湯を沸かし、皮つきのじゃがいもを約30分弱火でゆでる。鍋の湯を捨て、熱いうちに皮をむき、ボウルに移してじゃがいもをつぶす。
2 1のボウルにコンビーフを加えて混ぜ合わせる。楕円形に成形し、冷蔵庫で休ませる。

☀

3 衣を小麦粉、溶き卵、パン粉の順につける。
4 フライパンに揚げ油をひたひたになるくらいの高さに注いで熱し、3を両面がカリッとなるまで揚げ焼きにする。

ちくわ天マヨ

おなじみのちくわを香ばしいたれで。

材料（2人分）

ちくわ……………………2本

衣

小麦粉……………………大さじ1
片栗粉……………………大さじ1/2
冷水………………………大さじ1と1/2
揚げ油……………………適量

たれ

マヨネーズ………………大さじ1
香味じょうゆ（→P121）‥大さじ1/2

作り方

1 衣の材料をボウルに入れて溶き、ちくわをくぐらせる。
2 揚げ油を高温（180°C）に熱し、1のちくわを入れてカラリと揚げる。
3 フライパンにたれを混ぜ入れて加熱し、少しふつふつしてきたら、食べやすい大きさに切った2を入れてからめる。

坦々トマト焼きそば

坦々ソースのうま味とトマトのコクが溶け合う1品。

材料（2人分）

- トマト……………………中1個
- 坦々ソース（→P122）…大さじ2
- 中華麺……………………1玉
- 米油………………………大さじ1

作り方

1. 中華麺は袋に切れ目を入れて、電子レンジで約1分加熱する。トマトはくし切りにする。
2. フライパンに米油を中火で熱し、トマトを炒める。坦々ソースを加え、トマトの果汁となじんできたら中華麺を入れて全体にからめる。

のりとマッシュのホットサンド

マッシュポテト×のり×パンの絶妙なバランス。

材料（2人分）

- じゃがいも…………………1/2個（45g）
- 塩……………………………小さじ1
- 水……………………………適量

- きのこペースト（→P123）…30g
- のり…………………………1/4枚
- きゅうり……………………1/2本
- ピザ用チーズ………………30g
- バター………………………10g
- 食パン（サンドイッチ用）…2枚

作り方

1. じゃがいもは皮をむき、1センチ厚さに切る。鍋にじゃがいもとひたひたの水、塩を入れ、中火にかける。じゃがいもに火が通ったら、ざるにあげて水気をきり、ボウルに移して泡立て器でじゃがいもをつぶす。
2. **1**にきのこペーストを入れて混ぜる。

☀

3. きゅうりは縦長に2ミリ厚さに切る。
4. 食パンに**2**を塗り、のりときゅうり、ピザ用チーズをのせて、もう1枚の食パンで挟む。
5. フライパンに半分に切ったバターを中火で熱し、**4**のサンドイッチを入れ、上から皿などの重しをのせて約2分、焼き色がつくまで焼く。
6. **5**をフライ返しで持ち上げて、残りのバターをフライパンに溶かし、ひっくり返して裏面も焼き色がつくまで焼く。取り出して、食べやすい大きさに切る。

豆腐と高菜の丼

白いごはんとぐちゃぐちゃ混ぜていただく。

材料（2人分）

絹豆腐…………1/2丁(300g)
長ねぎ……………10センチ
しょうが…………1片
高菜漬け…………30g
米油……………大さじ1

A
紹興酒……………大さじ2
鶏ガラスープ……大さじ2
ナンプラー………小さじ1

水溶き片栗粉……適量

作り方

1 豆腐をペーパータオルで包んで耐熱皿にのせ、電子レンジで約2分加熱し、水気をきる。さらに豆腐を別のペーパータオルで包み、上に皿をのせて約5分おく。高菜漬け、しょうが、長ねぎはみじん切りにする。

☀
2 フライパンに米油を中火で熱し、**1**のしょうがを入れ、香りが立ったら高菜漬けと崩した豆腐、**A**を入れて炒める。最後に長ねぎを加え、水溶き片栗粉でとろみをつける。

ドフィノワ

クリーミーなじゃがいものグラタン。

材料（2人分）

じゃがいも………………4個（300g）

A
牛乳……………………100ml
生クリーム………………100ml
塩………………………3g
にんにく（みじん切り）…1片分

ピザ用チーズ…………60g

作り方

1 じゃがいもは皮をむき、スライサーで1ミリ厚さにスライスする。このとき、水にさらさない。
2 ボウルに**A**を入れて混ぜる。
3 オーブンを170℃に予熱する。オーブンシートを敷いた耐熱容器に**1**の1/3量を平らに敷く。
4 ピザ用チーズの1/3量を**3**の上に敷き、**2**の1/3量を流し込む。**3**→**4**を2回繰り返す。
5 オーブンで**4**を約1時間焼く。

☀
6 食べやすい大きさに切る。

厚揚げ坦々ソース

濃厚なソースがからんだ厚揚げがクセになる。

材料（2人分）

- 厚揚げ……………………150g
- 米油……………………大さじ1
- 坦々ソース（→P122）…大さじ5

作り方

1 厚揚げは油抜きをして5センチ角に切る。

2 フライパンに米油を中火で熱し、1を焼き色がつくまで焼く。

3 厚揚げを取り出して、ペーパータオルでフライパンの油を拭きとり、弱火にして坦々ソースを加える。ソースがプクプクと温まってきたら、厚揚げを戻し入れ、全体にからめる。

じゃがいもベーコン炒めパクチーソース

いつもの食材がソースでがらりと変わる。

材料（2人分）

- じゃがいも（インカのめざめ）……小3個
- ベーコン…………………………60g
- パクチーレモンソース（→P122）…大さじ1
- オリーブオイル……………………大さじ1

作り方

1 じゃがいもを2センチ厚さに切る。ベーコンを好みの厚さに切る。

2 鍋に水（分量外）をたっぷり入れて中火にかけ、じゃがいもを約10分ゆで、ざるにあげる。

3 フライパンにオリーブオイルを中火で熱し、じゃがいもとベーコンを炒める。ベーコンに火が通ったら、パクチーレモンソースを加え、ひと混ぜする。

レシピにならないレシピ

「計り魔」だと思う。

これは何グラムあって、それに対して塩は何グラム、砂糖は何グラム入って、ひとり何グラムになるから何人分ある……。と、いちいち常に計っている。

性格や日常のズボラ加減を考えると、それとは別のところに「計る」ということがあるのだろうと思う。癖のように計ることが身近にある。

その一方で、計りたくても計りようがないもの。それは残ったおかずを利用して作るおかず。残ったおかずをベースに作るので、どのくらい残っているかで足す調味料などの分量は出てこない。自分で味を確かめながら作る。残ったおかずを目の前に、どう組み合わせて、何を足してどうやって使いきるかを考えるときも、同じくらい楽しい。

残ったおかずの活用の仕方をものすごく簡単に分類すると、「**おにぎりにする**」「**何かで包む（挟む）**」「**何かと混ぜて揚げる**」「**ペーストにする**」の4パターンとなる。そのとき大いに役立つのは、**フードプロセッサー**だ。

すぐ思いつくのは、ごはんとの組み合わせ。刻んでごはんの素にしたり、おにぎりの具材にしたりする。揚げ物はめんつゆやたれと組み合わせて温め、場合によっては野菜を一緒に入れたり、卵でとじれば簡単に丼になる。私らしいのは、**春巻きの具にすること**。ハーブや薬味野菜を一緒に巻くのがおすすめ。

そして中でも張り切って挑むのは、フードプロセッサー（フープロ）で**ペーストにしてしまう**こと。煮ものなどは比較的やりやすく、すぐ味が決まることも少なくない。

例えば、ドフィノワ（→P71）が余ったときはフープロで崩してペーストにするといい。すでに味が完成しているから追加

で調味料を入れる必要はなくて、そのままパンに挟めば一品できあがる。弁当に入れなくてもいいのであれば、シチューがいい。崩したペーストを牛乳とスープで伸ばせばいい。うちのスタッフは、弁当の残りものを持って帰ったら、どんなおかずでもまとめてピザ用チーズと一緒にパンに挟んで**ホットサンド**にすると言っていた。そういう方法もある。

豚の角煮（→P27）の場合は、生クリームを加えてフープロに入れ、ペーストにする。そしてパンに挟んでもいいし、野菜と一緒に春巻きの皮で巻いて揚げてもいい。ぶり大根などの魚の煮ものの場合でも、その甘辛く煮た魚を取り出してフープロにかけてペーストにすると、サンドイッチの具にもなるし、全然違う食べ方ができる。さばの豆豉煮（→P47）や、さわらのサワーグリル（→P53）なんかも余ったらペーストにするだろう。

ただ、そのとき味の方向性をはっきりさせるために調味料やスパイスを加えるといいと思う。また、オイルや生クリームなどの油脂を少量入れるとつなぎにもなるのでいい。

ペーストはそのまま添えてもいいけど、サンドイッチに挟んだり、ゆで野菜のあえ衣にしたり、フライや巻き物のつなぎとしても使える。

レシピ帳にこれからも書き加えることがない残り物レシピは、できたおかずの数だけ、頭の中でどんどん増えていく気がする。

サブの常備菜

時間があるときにまとめて作っておくと
便利に使えるものばかり。冷蔵庫から出して
詰めるだけで、弁当を華やかに彩る常備菜です。

みょうがピクルス

保存期間　約14日間

ハーブが爽やかに香るピクルス。

材料（作りやすい分量）

みょうが……………6本

ピクルス液

白ワインビネガー……50ml
千鳥酢………………50ml
水……………………100ml
白ワイン……………40ml
砂糖…………………40g
ローズマリー………1本
黒こしょう…………適量
ローレル……………1枚
赤とうがらし………1本

作り方

1 みょうがを縦半分に切り、保存容器に入れる。
2 ピクルス液を鍋に入れてひと煮立ちさせ、熱いうちに1の保存容器に入れる。粗熱がとれたら、冷蔵庫に入れる。

タラモサラダ

保存期間　約3日間

たらこの塩気とじゃがいもがマッチ。

材料（作りやすい分量）

じゃがいも………2個
たらこ……………16g
塩…………………小さじ1/4
サワークリーム…30g

作り方

1 じゃがいもは皮をむき、一口大に切って水にさらす。
2 鍋にたっぷりの水とじゃがいもを入れて強火にかけ、じゃがいもがやわらかくなるまで約10分ゆでる。竹串がスッと通ったら、鍋の湯を捨て、再度中火にかけて余分な水分を飛ばす。
3 じゃがいもが熱いうちにボウルに移してつぶす。
4 別のボウルにサワークリームとほぐしたたらこ、塩を混ぜ合わせ、3のボウルに入れて混ぜ合わせる。

ズッキーニのナムル

保存期間　約5日間

弁当の箸休めに最適。

材料（作りやすい分量）

- ズッキーニ……………… 1本
- えのき…………………… 1束
- 藻塩……………………… ふたつまみ
- 米油……………………… 大さじ1
- にんにく（すりおろし）…… 1片分
- ごま油…………………… 大さじ2

作り方

1 ズッキーニを薄い輪切りにする。えのきを3センチ長さに切り、ほぐしておく。

2 厚手の鍋に米油を中火で熱し、ズッキーニとえのきを水分を飛ばすように炒める。野菜から水分が出てきたら、藻塩を加えてさらに炒め、水分がほとんどなくなったらにんにくを加えて混ぜる。火を止めて、ごま油を回しかける。

保存中にズッキーニから水分が出てきたら、少量のごま油を足し、よくかき混ぜて乳化させるとよい。

かぼちゃのローズマリーグリル

保存期間　約3日間

ほっくりかぼちゃにハーブが香る。

材料（作りやすい分量）

かぼちゃ…………小1/2玉
砂糖………………小さじ1
ローズマリー……1本
塩…………………小さじ1/2
オリーブオイル….小さじ1/2

作り方

1 かぼちゃは一口大に切り、ローズマリーはみじん切りにする。ボウルにかぼちゃを入れて砂糖をまぶし、15分以上おく。
2 かぼちゃから出た水分をペーパータオルで拭きとり、塩とローズマリー、オリーブオイルを加え、全体にからめる。
3 2を天板に並べ、180℃に予熱したオーブンで約10分焼く。

れんこんのピリ辛炒め

保存期間　約５日間

シャキシャキしたれんこんの歯ごたえを楽しむ。

材料（作りやすい分量）

れんこん…………小２節
赤とうがらし……１本
砂糖………………大さじ1と1/2

A
みりん……………大さじ1
酒…………………大さじ２
しょうゆ…………大さじ1/2

米油………………大さじ1

作り方

1 れんこんは２ミリ厚さの薄切りに、赤とうがらしは輪切りにする。

2 鍋に米油を入れて中火で熱し、**1** のれんこんと赤とうがらしを加えて炒める。れんこんに火が通ってきたら、砂糖を入れてひと炒めして **A** を加える。

3 水分がなくなるまで炒め、最後にごま油（分量外）を加えて炒める。

ブロッコリーとそばの実のタブレ

保存期間　約5日間

ぷちぷちとした食感がおいしい。

材料（作りやすい分量）

ブロッコリー………1/2株（170g）
そばの実…………50g
にんにく…………2片
白ワイン…………30ml
水…………………100ml
オリーブオイル….大さじ3
塩…………………小さじ1/2

作り方

1 鍋にたっぷりの水と塩ひとつまみ（分量外）を入れて中火にかける。そばの実を入れて約12分ゆで、ざるにあげて水気をきる。

2 ブロッコリーとにんにくをみじん切りにする。

3 フライパンにオリーブオイルを中火で熱し、にんにくとブロッコリーを炒めて少し色づいたら、水、白ワインを入れる。沸騰したら弱火にし、1のそばの実を加えて、全体的にもったりしてくるまで炒め、塩で味をととのえる。

カリフラワーのココナッツ炒め

保存期間　約3日間

ココナッツの香りが食欲増進。

材料（作りやすい分量）

カリフラワー……………1/2株（170g）
バター……………………大さじ1

A
しょうが（すりおろし）…1片分
砂糖………………………大さじ1
塩…………………………小さじ1/4
カレー粉…………………小さじ1

水…………………………100ml
ココナッツミルク………100ml

作り方

1 カリフラワーは葉を取り除いて小房に分ける。

2 鍋にバターを中火で熱し、Aを入れて混ぜ、水とココナッツミルクを加える。カリフラワーを加え、約3～5分煮からめる。

しょうがのだし巻き卵

保存期間　約3日間

しょうがの香りが利いたやさしい味。

材料（作りやすい分量）

溶き卵……………5個分
しょうが…………1片

A
砂糖………………大さじ2
出汁………………100ml
塩…………………少々

米油………………小さじ1

作り方

1 しょうがは皮をむいて千切りにし、熱湯でサッとゆでて冷水にとり、水気を絞る。
2 ボウルに溶き卵と1のしょうが、Aを入れてよく混ぜる。
3 卵焼き器に米油を中火で熱し、2の卵液を玉じゃくしに半分ほどすくって流し入れ、半熟状になったら、向こうから手前へ返すように折りたたむ。空いたところに油をひき、卵焼きを移動させて、手前側にも油をサッとひく。
4 3と同様に卵液を流し入れ、折りたたみながら巻き重ねる。卵液がなくなるまでこれを繰り返す。あれば巻きすで成形し、食べやすい大きさに切る。

万願寺とうがらしの揚げ浸し

保存期間　約3日間

ほっとするやさしい出汁の風味です。

材料（作りやすい分量）

万願寺とうがらし……6本

A

酢……………………大さじ2

みりん………………大さじ1

出汁…………………100ml

しょうゆ……………大さじ2

揚げ油………………適量

作り方

1 万願寺とうがらしのヘタの部分を切り取り、穴を数カ所開けておく。揚げ油を低温（160°C）に熱し、万願寺とうがらしを入れ、表面の色が変わったら取り出して油をきる。粗熱がとれたら食べやすい大きさに切る。

2 保存容器に**A**の材料を混ぜ合わせ、**1**を漬けこみ、冷蔵庫で1時間以上おく。

まいたけ焼き浸し

保存期間　約3日間

焼いたまいたけが香ばしい。

材料（作りやすい分量）

まいたけ…………1パック

A

出汁………………150ml

しょうゆ…………大さじ1/2

塩…………………少々

みりん……………大さじ1/2

作り方

1 まいたけを食べやすい大きさにちぎり、魚焼きグリルで強火で5～6分焼き、焼き目をつける。

2 保存容器に **A** の材料を混ぜ合わせ、**1** を浸して20分以上おく。

芽キャベツのアヒージョ

保存期間　約5日間

オイルで芽キャベツはトロトロに。

材料（作りやすい分量）

- 芽キャベツ………12個
- にんにく…………３片
- 塩………………小さじ1/2
- オリーブオイル….50ml
- 赤とうがらし…….1本

作り方

1. 芽キャベツは根元に十字の切れ込みを入れる。にんにくは薄くスライスする。
2. 鍋にオリーブオイル、赤とうがらし、塩、にんにくを入れて中火にかけ、香りが立ってきたら芽キャベツを入れ、やわらかくなるまで弱火で煮る。

焼きいもクミン

保存期間　約5日間

スパイシーさと甘さがやみつきのおいしさ。

材料（作りやすい分量）

焼きいも…………1本（220g）
塩…………………小さじ1/2
クミンパウダー….適量

作り方

1 焼きいもを5センチ長さのスティック状に切る。
2 ボウルにクミンパウダーと塩を入れて混ぜ、1を入れてよく混ぜる。

にんじんクミンラペ

保存期間　約5日間

一品添えるだけで彩り豊かに。

材料（作りやすい分量）

にんじん	1本（150g）
塩	小さじ1/2
パームシュガー	大さじ1
白ワインビネガー	大さじ3
クミン パウダー	少々

作り方

1 にんじんは皮をむいて千切りにし、ボウルに入れて塩をふってもむ。約10分おいて水気を絞る。

2 別のボウルにパームシュガーと白ワインビネガー、クミンパウダーを混ぜ合わせ、**1**のボウルに加えて、全体をなじませる。

かぶの揚げ浸し

保存期間　約3日間

丸い小かぶが弁当をかわいく彩ります。

材料（作りやすい分量）

小かぶ……………8個
揚げ油……………適量

漬け汁

出汁………………100ml
みりん……………大さじ1
しょうゆ…………大さじ1

作り方

1 かぶのヘタを取り除く。鍋に揚げ油を中温（170℃）に熱し、かぶを入れて色づくまで揚げる。金串を刺してすーっと通ったら、取り出して油をきる。
2 保存容器に漬け汁の材料をすべて入れて混ぜ、**1**を入れて一晩おく。

通常サイズのかぶを使用する場合は、1/6〜1/4のくし切りにするとよい。

常備菜

赤パプリカの豆豉炒め

保存期間　約5日間

豊かな風味の豆豉でパプリカの甘みが引き立つ。

材料（作りやすい分量）

赤パプリカ………1個
豆豉……………小さじ1
ごま油…………小さじ1
しょうゆ…………大さじ1/2

作り方

1 赤パプリカは半分に切り、種を取り除いて2ミリ厚さにスライスする。

2 フライパンにごま油と豆豉を中火で熱し、1を入れて炒め、水分が少なくなってきたら、しょうゆを入れてさらに炒める。

かまぼことねぎのしょうがオイル

保存期間　約5日間

万能調味料であえるだけの簡単常備菜。

材料（作りやすい分量）

かまぼこ……………………1/2本（60g）
長ねぎ………………………1/3本

しょうがオイル（→P123）…小さじ1

作り方

1 かまぼこは板から切り出し、そぎ切りにする。長ねぎは5センチ長さの千切りにする。
2 小鍋に水を沸かし、1の長ねぎをサッとゆでる。水にさらして絞る。
3 ボウルにしょうがオイル、1と2を入れてよく混ぜ、なじませる。

トマトの薬味野菜漬け

保存期間　約3日間

みょうがの香りで食欲増進。

材料（作りやすい分量）

トマト……………中2個
みょうが…………1本

漬け汁

砂糖………………小さじ2
酢…………………小さじ2
しょうゆ…………小さじ3

作り方

1. トマトをくし切りにする。みょうがをみじん切りにする。
2. 保存容器に漬け汁の材料とみょうがを入れて混ぜ、**1**のトマトを漬け込む。

ゴーヤーのきんぴら

保存期間　約5日間

ほどよい苦味をごはんのおともに。

材料（作りやすい分量）

- ゴーヤー…………1本
- 米油………………大さじ1
- ナンプラー………小さじ1弱
- 黒こしょう………少々

作り方

1 ゴーヤーは縦半分に切って種をきれいに取り除き、横薄切りにする。

2 厚手の鍋に米油を中火で熱し、1を入れて炒める。ゴーヤーから水分が出てきたら、ナンプラーを加えてさらに炒め、水分がほとんどなくなったら、火を止めて黒こしょうをふる。

なすのバジル味噌

保存期間　約5日間

バジルの香りが味噌と合う。

材料（作りやすい分量）

- なす…………………3本
- バジル……………1パック
- オリーブオイル…. 大さじ2
- 砂糖………………大さじ3
- 味噌………………大さじ2

作り方

1. なすは乱切りにし、バジルは粗く刻む。
2. フライパンにオリーブオイルを中火で熱し、なすを炒める。途中、油が足りなくなったら足す（分量外）。
3. なすに油が回ってきたら砂糖を加え、溶けて茶色くなったら、味噌を加えてからめる。バジルを散らして火を止める。

わかめとのりのナムル

保存期間　約7日間

少し弁当に入れておくとごはんが進みます。

材料（作りやすい分量）

- 生わかめ……………………150g
- 板のり………………………1枚
- 塩……………………………小さじ1/2
- しょうゆ……………………小さじ1
- にんにく（すりおろし）……1片分
- ごま油………………………小さじ1/2

作り方

1 わかめをざく切りにし、ペーパータオルで水気をよく拭きとる。

2 鍋にごま油を中火で熱し、わかめを入れる。パチパチという音を気にせず、水分を飛ばすように炒める。

3 水分がなくなってきたら、にんにく、塩、しょうゆを加えて混ぜる。火を止めて、最後にのりを手でちぎって加え、混ぜる。

五目炒り厚揚げ

保存期間　約3日間

たっぷり野菜と出汁の味で体に優しい。

材料（作りやすい分量）

- 厚揚げ……………………150g
- しょうが（みじん切り）…2片分
- にんじん（みじん切り）…30g
- いんげん（みじん切り）…30g
- 長ねぎ（みじん切り）……40g
- 砂糖………………………大さじ1
- しょうゆ…………………大さじ1と1/2
- 酒…………………………大さじ2
- 出汁………………………200ml
- 溶き卵……………………2個分
- 米油………………………大さじ1と1/2

作り方

1. 厚手の鍋に米油を中火で熱し、しょうがを入れる。香りが立ったらにんじん、いんげんを加えて炒める。
2. にんじんといんげんに火が通ったら、厚揚げを手で崩しながら加え、全体を混ぜるように炒める。砂糖、酒、出汁の順に入れて中火にし、くつくつ煮る。
3. しょうゆを入れ、水分を飛ばすように中火からやや強火で炒めていき、長ねぎを加える。
4. 全体的に水分がなくなってきたら火を止めて溶き卵を回し入れ、かき混ぜる。

たけのこ味噌漬け

保存期間　約10日間

弁当にもおかずにも重宝する。

材料（作りやすい分量）

たけのこ（下処理済み）…２本
土佐味噌（→P121）……150g

作り方

1 たけのこを縦半分に切る。
2 保存容器に土佐味噌と1を漬け込み、一晩以上おく。２日目以降が食べごろ。
3 2からたけのこを取り出してペーパータオルで拭きとり、食べやすい大きさに切る。

いんげんカレーきんぴら

保存期間　約5日間

水分を飛ばしながら炒めるのがコツ。

材料（作りやすい分量）

いんげん…………230g
砂糖………………大さじ1
カレー粉…………小さじ1
しょうゆ…………小さじ1
米油………………大さじ1/2

作り方

1 いんげんは長さを半分に切る。

2 鍋に米油を中火で熱し、いんげんを炒める。いんげんの水分がなくなってきたら、砂糖を入れて炒め、カレー粉を加えてさらに炒める。最後にしょうゆをひとふりして味をととのえる。

半熟卵のしょうゆ漬け

保存期間　約7日間

ほんのり出汁としょうゆが香るゆで卵。

材料（作りやすい分量）

卵…………………4個

漬け汁

出汁………………400ml
みりん……………200ml
しょうゆ…………100ml

作り方

1 鍋にたっぷりの湯を入れて沸かし、卵を約5分半ゆでる。冷水に取り出し、冷めたら殻をむく。

2 小鍋に漬け汁の材料をすべて入れてひと煮立ちさせる。粗熱がとれたら保存容器に移し、1を浸して一晩以上おく。2日目以降が食べごろ。

常備菜

割り干しハーブチキンサラダ

保存期間　約3日間

ポリポリとした歯ごたえがおいしい。

材料（作りやすい分量）

割り干し大根（乾燥）……………… 25g
ハーブマリネにした鶏ささみ……150g
（→P25）
フレンチドレッシング（→P120）… 大さじ1
マヨネーズ………………………… 大さじ2

作り方

1 割り干し大根をボウルにたっぷりの水で戻し、水気を絞る。
2 鍋に水を入れて中火で熱し、ハーブマリネにしたささみを入れる。沸騰したらすぐに火を止め、ふたをして10分蒸らす。取り出して粗熱をとり、手でほぐす。
3 ボウルにフレンチドレッシングとマヨネーズを混ぜ合わせ、1の割り干し大根と2のささみを入れてよく混ぜる。

エリンギのオイスター炒め

保存期間　約5日間

オイスターソースで濃厚な味に。

材料（作りやすい分量）

エリンギ…………100g
豆板醤……………小さじ1/4
オイスターソース…小さじ1
しょうゆ…………小さじ1
米油………………大さじ1

作り方

1 エリンギは食べやすい大きさに切る。
2 フライパンに米油を中火で熱し、エリンギを炒める。しんなりしてきたら豆板醤、オイスターソース、しょうゆを入れてさらに炒めて水分を飛ばす。

きゅうりのきんぴら

保存期間　約5日間

食欲をそそるオイスターソース味。

材料（作りやすい分量）

- きゅうり……………2本
- 砂糖………………小さじ1
- オイスターソース…小さじ1
- 白いりごま…………小さじ1/2
- 米油………………大さじ1
- ごま油……………小さじ1

作り方

1 きゅうりは縦半分に切り、乱切りにする。

2 厚手の鍋に米油を中火で熱し、1を入れて炒める。きゅうりの水分が出てきたら砂糖を加え、ひと炒めしたらオイスターソースを加えて混ぜる。火を止めて、ごまを加え、ごま油を回しかける。

オクラからし味噌漬け

保存期間　約7日間

ピリッと辛みを利かせた一品。

材料（作りやすい分量）

オクラ…………… 8本
塩………………… 小さじ1

味噌床

味噌……………… 200g
練りからし……… 大さじ2
みりん…………… 大さじ2
砂糖……………… 大さじ1

作り方

1 オクラの面取りをし、塩で板ずりをする。鍋にたっぷりの湯を沸かし、オクラをサッとゆでて冷水にとり、余分な水気をペーパータオルで拭きとる。

2 保存容器に味噌床の材料をすべて入れて混ぜ、1を入れて一晩おく。

常備菜

大根の山椒炒め煮

保存期間　約3日間

山椒がピリリと食欲をそそる。

材料（作りやすい分量）

大根……………1/3本
実山椒佃煮……小さじ1
酒………………大さじ1
塩………………小さじ1/2
大葉……………適量
米油……………大さじ1

作り方

1 大根を5センチ長さの短冊状に切る。大葉をみじん切りにする。

2 フライパンに米油を中火で熱し、大根を入れて炒める。油がなじみ、大根の色が透き通ってきたら、酒、実山椒佃煮を入れて炒める。塩で味をととのえ、火を止めて大葉を散らす。

大豆とさば缶のサラダ

保存期間　約3日間

さば缶は1つ常備していると重宝します。

材料（作りやすい分量）

大豆（水煮）……… 50g
さば缶 …………… 100g
紫たまねぎ……… 1/2個（80g）
マヨネーズ……… 大さじ1と1/2

作り方

1 紫たまねぎをみじん切りにし、水にさらす。ペーパータオルで水気を拭きとる。
2 ボウルに大豆、さば、マヨネーズと 1 を入れて混ぜる。

すぐできるおかず

「あと一品、なにか欲しい！」というときに。
忙しい朝でもパパッと簡単に作れる、
色鮮やかなおかずの数々をご紹介します。

水菜のおひたし

ほっとする出汁のおひたしです。

材料（作りやすい分量）

水菜……………1束（50g）

A

出汁……………大さじ1

しょうゆ…………小さじ1

作り方

1 水菜は熱湯でサッとゆで、冷水にとる。水気を絞って、3センチ長さに切る。

2 ボウルに **1** を入れ、**A** であえる。

ピーマンとえのきの酢じょうゆあえ

箸休めに一品あるとうれしい。

材料（作りやすい分量）

ピーマン…………1個

えのき……………1/3パック（30g）

A

酢…………………小さじ1/2

しょうゆ…………小さじ1/2

作り方

1 ピーマンは縦半分に切って、縦に千切りにする。えのきは2等分にしてほぐす。

2 **1** を熱湯でサッとゆで、冷水にとって水気を絞る。

3 ボウルに **2** を入れ、**A** を加えてあえる。

赤かぶの塩もみ

旬の野菜をシンプルに。

材料（作りやすい分量）

赤かぶ……………1/4個
塩…………………小さじ1

作り方

1 赤かぶは2ミリ厚さにスライスする。
2 ボウルに1を入れ、塩もみして5分おき、水気をしっかり絞る。

大根梅あえ

口直しに最適な副菜です。

材料（作りやすい分量）

大根……………… 3センチ（100g）
塩…………………小さじ1

A
梅干し（種をとって叩いたもの）‥‥小さじ1/4
しょうがオイル（→P123）………小さじ1/4

作り方

1 大根は5センチ長さの千切りにし、ボウルに入れて塩を加えてもむ。
2 1の水気をきり、Aを加えてあえる。

菜の花のおひたし

さっぱり野菜を出汁でいただく。

材料（作りやすい分量）

菜の花…………1束

A

しょうゆ…………大さじ２

出汁………………大さじ２

作り方

1 菜の花は茎の硬い部分を切り落とし、熱湯でサッとゆでて冷水にとる。水気を絞って、食べやすい大きさに切る。

2 ボウルに1を入れ、Aを加えてあえる。

紫キャベツと豆苗のサッとあえ

色合いが鮮やかな副菜です。

材料（作りやすい分量）

紫キャベツ………50g

豆苗………………50g

塩…………………小さじ1/4

A

しょうゆ…………小さじ1/4

酢…………………小さじ1/4

作り方

1 紫キャベツは千切りにしてボウルに入れ、塩をまぶして約５分おく。

2 豆苗は熱湯でサッとゆで、冷水にとり、ざるにあげる。

3 1と2をそれぞれしっかり水気を絞り、ボウルに入れてAを加えてあえる。

りんごとミントの フレンチドレッシングあえ

ミントが爽やかに香るサラダ。

材料（作りやすい分量）

りんご……………1/2個
ミント……………適量
フレンチドレッシング（→P120）
…………大さじ1/2

作り方

1 りんごは4等分のくし形に切り、一口大に切る。
2 ボウルに 1 とミントを入れ、フレンチドレッシングを加えてあえる。

花ニラのおひたし

添えるだけでかわいらしい彩りに。

材料（作りやすい分量）

花ニラ……………1束
塩…………………ひとつまみ

作り方

1 花ニラは塩を入れた熱湯でサッとゆでて冷水にとり、水気を絞る。茎の硬い部分を切り落とす。

紅芯大根の塩もみ

鮮やかなピンクで弁当が華やぐ。

材料（作りやすい分量）

紅芯大根…………1/4個
塩………………… 小さじ１

作り方

1 紅芯大根は２ミリ厚さにスライスする。
2 ボウルに 1 を入れ、塩もみして５分おき、水気をしっかり絞る。

しめじの坦々ソースあえ

ぷりぷりしめじを濃いたれで。

材料（作りやすい分量）

しめじ…………………… 1/2パック（80g）
坦々ソース（→P122）… 大さじ１

作り方

1 しめじは小房に分け、熱湯でサッとゆでて冷水にとる。ざるにあげて水気をきる。
2 ボウルに 1 と坦々ソースを入れ、全体にからめる。

ほうれん草のおひたし

出汁いらずの簡単おひたし。

材料（作りやすい分量）

ほうれん草……………1株(45g)

A

しょうが（すりおろし）…小さじ1

しょうゆ…………………小さじ1/2

作り方

1 ほうれん草は熱湯でサッとゆで、冷水にとる。水気を絞って3センチ長さに切る。

2 ボウルに**1**を入れ、**A**を加えてあえる。

チンゲン菜のXO醤あえ

XO醤で香り高く野菜をいただく。

材料（作りやすい分量）

ミニチンゲン菜…・2株

A

米油………………小さじ1

XO醤（市販）……小さじ2

レモン汁…………小さじ1

作り方

1 チンゲン菜は熱湯でサッとゆでて冷水にとり、水気を絞る。

2 ボウルに**1**を入れ、**A**を加えてあえる。

スナップえんどうの きのこペーストあえ

きのこのコクとサワークリームがおいしい。

材料（作りやすい分量）

- スナップえんどう…………1パック
- きのこペースト（→P123）……………………大さじ1
- サワークリーム…………小さじ2

作り方

1 スナップえんどうは筋を取り、熱湯で約2分ゆでて、ざるにあげる。

2 ボウルに1を入れ、きのこペーストとサワークリームを加えて混ぜる。

プチヴェールの フレンチドレッシングあえ

ハーブが香るサラダです。

材料（作りやすい分量）

- プチヴェール……1パック（90g）
- フレンチドレッシング（→P120）…………大さじ1
- ディル……………1枝

作り方

1 プチヴェールは熱湯でサッとゆでて冷水にとり、水気を絞る。

2 ボウルに1とみじん切りにしたディルを入れ、フレンチドレッシングを加えてあえる。

なすの塩もみ

簡単にできる浅漬けです。

材料（作りやすい分量）

なす……………… 2本
塩…………………小さじ1/2

作り方

1 なすは縦半分に切って、2ミリ厚さの薄切りにする。

2 ボウルに**1**を入れて、塩を加えてもみ、水気を絞る。

キャベツの土佐味噌コールスロー

味噌味のコールスローです。

材料（作りやすい分量）

キャベツ……………… 70g
塩……………………… 小さじ1

A
土佐味噌（→P121）… 小さじ1
マヨネーズ…………… 小さじ1

作り方

1 キャベツは千切りにして塩をふり、水気を絞る。

2 **1**をボウルに入れ、**A**を加えてあえる。

うるいの酢味噌あえ

春の息吹を感じる野菜です。

材料（作りやすい分量）

うるい……………2本

A

味噌………………大さじ2

酢…………………小さじ2

作り方

1 うるいは熱湯でサッとゆでて冷水にとり、ざるにあげて水気をしっかり絞る。

2 ボウルに **1** を入れ、**A** を加えてあえる。

トマトの フレンチドレッシングあえ

いつものトマトが風味豊かに。

材料（作りやすい分量）

トマト ………………………………中1個

フレンチドレッシング（→P120）…大さじ1

作り方

1 トマトをくし形に切る。

2 ボウルに **1** を入れ、フレンチドレッシングを加えてあえる。

セロリとちくわの塩もみ

異なる食感の組み合わせがいい。

材料（作りやすい分量）

セロリ……………1/2本
ちくわ……………1本
塩…………………小さじ1/2

作り方

1 セロリとちくわは、縦半分に切って1センチ厚さの斜め薄切りにする。
2 1のセロリをボウルに入れ、塩をまぶして5分おく。水気を絞り、1のちくわを加えてあえる。

さつま揚げのパクチーソースあえ

食べごたえのある一品。

材料（作りやすい分量）

さつま揚げ…………… 2枚（80g）
パクチーレモンソース… 大さじ1
（→P122）

作り方

1 さつま揚げを5ミリ厚さにスライスする。
2 ボウルに1を入れ、パクチーレモンソースを加えてあえる。

あると便利な万能調味料

冷蔵庫で長期保存もできる
チオベン秘伝の万能調味料。
これひとつ加えるだけで味に深みが出るから、
時間があるときに作っておけば、
いざというときに心強い存在です。

フレンチドレッシング

野菜にちょっと足すだけで風味豊か。

材料（作りやすい分量）

サラダ油……………300ml
粒マスタード………10g
塩……………………小さじ2
砂糖…………………大さじ1
こしょう……………小さじ1
白ワインビネガー……大さじ3と小さじ1
千鳥酢………………大さじ3と小さじ1

作り方

1 保存容器にすべての材料を入れ、混ぜ合わせる。

冷蔵で約2カ月間　保存可能

土佐味噌

かつおの香りがうま味をプラス。

材料（作りやすい分量）

みりん……………大さじ3
酒…………………大さじ3

A
味噌………………150g
砂糖………………大さじ1

かつお節…………15g

作り方

1 鍋にみりんと酒を入れて中火にかけ、ひと煮立ちさせて粗熱をとる。
2 ボウルに1とAを入れ、混ぜ合わせる。最後にかつお節を加え、混ぜる。

冷蔵で約1カ月間　保存可能

香味じょうゆ

鶏にも野菜にもよく合う中華だれ。

材料（作りやすい分量）

長ねぎ……………1/2本
しょうが…………1片
にんにく…………3片
米油………………大さじ2
砂糖………………大さじ5
しょうゆ…………大さじ5
酒…………………大さじ3と小さじ1
塩…………………小さじ1

作り方

1 長ねぎ、しょうが、にんにくはみじん切りにする。
2 保存容器にすべての材料を入れ、混ぜ合わせる。

冷蔵で約10日間　保存可能

パクチーレモンソース

すっぱさと香味が体にうれしい。

材料（作りやすい分量）

パクチー…………………1束（40g）
レモン……………………1個

A
にんにく（すりおろし）…2片分
青とうがらし……………1本
ナンプラー………………大さじ2と1/2

作り方

1 パクチーの茎と根を粗く刻む。レモン半分は放射状に切り、白い部分と種を取り除き、5ミリ厚さ、幅1.5センチほどのいちょう切りにし、さらに薄切りにする。
2 ボウルに**1**のパクチーと**A**、残りのレモン半分の果汁を絞って入れ、混ぜ合わせる。
3 **2**を保存容器に入れ、**1**のレモンを加え、混ぜ合わせる。

冷蔵で約3日間　保存可能

坦々ソース

コクとうま味がたっぷり詰まったソース。

材料（作りやすい分量）

しょうが…………………1片
にんにく…………………3片

A
ピーナッツバター（無糖）…70g
しょうゆ…………………大さじ2
みりん……………………大さじ2
砂糖………………………大さじ3
酢…………………………大さじ2
豆板醤……………………小さじ2
ごま油……………………小さじ2

作り方

1 しょうがとにんにくはみじん切りにする。
2 保存容器に**1**と**A**を入れ、混ぜ合わせる。

冷蔵で約2週間　保存可能

しょうがオイル

魚や野菜、あえ麺などにも使える。

材料（作りやすい分量）

しょうが（すりおろし）……小さじ4
米油……………………………大さじ2
藻塩……………………………小さじ1/2

作り方

1 保存容器にすべての材料を入れ、混ぜ合わせる。

冷蔵で約4週間　保存可能

きのこペースト

きのこのうま味をたっぷり味わう。

材料（作りやすい分量）

しめじ……………大2パック（300g）
なめこ……………1/2袋
揚げ油……………適量
米油………………大さじ2
しょうゆ…………小さじ2

作り方

1 しめじはほぐす。揚げ油を低温（160℃）に熱し、しめじを入れて揚げる。きつね色に近づいたらペーパータオルに取り出し、油をきる。
2 なめこは熱湯でサッとゆでて冷水にとり、水気をきる。
3 フードプロセッサーに 1 と 2、米油、しょうゆを入れ、なめらかになるまで撹拌する。

冷蔵で約7日間、冷凍で約2カ月間保存可能

食材別さくいん

肉類

魚類

大豆製品

野菜・きのこ類

きのこ類

海藻類

乳製品

その他、卵・加工品など

あとがき

撮影が行われたのは2020年の12月でした。

この年を総括する最後の月に、この1年で在り方が変わってしまったお弁当のことを考えながら行った撮影でした。

家での過ごし方が変わり、通勤せずリモートでの仕事に切り替わった会社も多く、それに合わせて飲食店がどこもテイクアウトやお弁当を始めました。
家庭では通勤用に作っていたお弁当がなくなった代わりに、リモートワークの気分をリセットするために家でお弁当を楽しんだり、食卓をシェアしないためにお弁当にするなど、お弁当の在り方がちょっと変わった気がします。
ネガティブな見方もありますが、作る楽しみが増えた人や初めて作ってみたら楽しくて、お弁当作りが趣味にまで高じた人もたくさんいるのではないでしょうか。

新しい生活を受け入れながらも、徐々に朝の慌ただしさが戻ってきて、朝のお弁当作りがまた始まっても、新しく得た作る楽しみや方法、接し方は次に来る生活へ繋がっていると思っています。

どうかこの本が、その楽しみの手助けになってくれることを願っています。

最後に、今回どうしてもお願いしたかったカメラマンの小川真輝さん、光や影のアイデアをたくさん見せてくれて本当に幸せな毎日でした。
デザインはchiobenのロゴなどもやっていただいている田部井美奈さんにお願いしました。攻めの提案と冷静な判断で、田部井さんがいなかったら成り立たなかったなとつくづく思います。
文と編集は上條桂子さん。いつも私の迷うところやダラダラしているところを引き受けて進めてくれて、毎回毎回感謝しています。
そして今回1年以上もオファーし続けてくれたPHPエディターズ・グループの松本あおいさん。過剰な現場に丁寧に対応していただき、ありがとうございました。

良い年になるといいなぁ。

山本千織

山本千織　やまもと ちおり

料理人。北海道生まれ。美大を卒業後、様々な飲食店で料理を手がけ、妹が経営する札幌の「ごはんや　はるや」に12年間関わる。上京後、2011年に東京・代々木上原で弁当販売店「chioben（チオベン）」を開業。見た目と味の意外性、定番の春巻きやたこめしの安定感で、一度食べたら忘れられないと評判に。現在は、撮影現場への弁当の仕出し、ケータリング、雑誌や広告へのレシピ掲載、イベント出店など幅広い場面で活躍している。著書に『チオベン　見たことのない味　チオベンのお弁当』（マガジンハウス）、『chioben flip cook book vol.01』（自費出版）、『チオベンの弁当本』、『チオベンの揚げもの煮もの』（ともにKADOKAWA）がある。

チオベンの作りおき弁当

2021年3月11日　第1版第1刷発行

著　者　山本千織
発行者　岡　修平
発行所　株式会社PHPエディターズ・グループ
〒135-0061　東京都江東区豊洲5-6-52
☎03-6204-2931
http://www.peg.co.jp/
発売元　株式会社PHP研究所
東京本部　〒135-8137　江東区豊洲5-6-52
普及部　☎03-3520-9630
京都本部　〒601-8411　京都市南区西九条北ノ内町11

PHP INTERFACE　https://www.php.co.jp/
印刷・製本所　凸版印刷株式会社

ISBN 978-4-569-84864-8

デザイン／田部井美奈
撮影／小川真輝
編集協力／上條桂子
編集／松本あおい